Juan Eduardo Rojas-Vásquez

Juan zwischen zwei Welten

Juan Eduardo Rojas-Vásquez

Juan zwischen zwei Welten

Erinnerungen

aufgezeichnet von Maria Schmitz

Bibliografische Information der Deutschen Nationalbibliothek:
Die Deutsche Nationalbibliothek verzeichnet diese Publikation in der Deutschen Nationalbibliografie; detaillierte bibliografische Daten sind im Internet über http://dnb.dnb.de abrufbar

Text, Redaktion und Satz:
Das Biografie-Institut
Maria Schmitz, Dienheim
www.biografie-institut.de

Abbildungen:
S. 73 Foto: Alex Ibáñez M., www.fotopresidencia.cl
S. 76 Foto: A. T. Schaefer
Alle anderen Fotos: privat

Herstellung und Verlag: BoD – Books on Demand, Norderstedt

ISBN:978-3-746074931

Inhalt

Zwischen zwei Welten

Es ist der 1. August 1979. Langsam steige ich die Gangway zum Flugzeug hinauf, wende mich noch einmal um. Adios Chile! Fast sechs Jahre Angst und Ungewissheit liegen hinter mir. Der 13. Oktober 1973 hat mein Leben so grundlegend verändert, dass ich nun gezwungen bin, das Land zu verlassen. Meine Familie glaubt, dass ich wegen einer Ohrenoperation nach Deutschland fliege und bald wieder zurückkehre. Sie kennen nicht den wahren Grund und ahnen nicht, dass ich wahrscheinlich für längere Zeit weg sein werde.

Ich bin erleichtert, in die Freiheit zu entkommen. Doch was wird mich in der anderen Welt, in Deutschland, erwarten? – ein Land, dessen Sprache ich nicht verstehe, dass ich kaum kenne. Wie wird meine Mutter auf das Verschwinden ihres Jüngsten reagieren? Wehmütig denke ich an meine unbeschwerte Kindheit zurück, an die üppige Landschaft meiner Heimat.

Meine Familie

Ich bin am 15. Oktober des Jahres 1958 in der Nähe von Parral in Chile geboren. Meine Mutter Margarita Felisa Vásquez Gatica (geb. 16.1.1917) war bei meiner Geburt bereits 41 Jahre alt. Ich war das jüngste von ihren sieben Kindern und wurde auf den Namen Juan Eduardo getauft. Meine älteste Schwester Ana Julia war bei meiner Geburt 16 Jahre alt, mein Bruder Gilberto Antonio 14 Jahre alt. Dann folgten Luis Antonio mit 12 Jahren, Sergio Antonio mit 10 Jahren. Meine Schwester Margarita Rosa war fünf Jahre und mein Bruder Miguel Enrique war nur eineinhalb Jahre älter als ich.

Unter den Vorfahren meiner Mutter sind Indios gewesen. Ihre Familie lebte in den Bergen. Mein Vater Miguel Rojas Rojas (geb. 16.11.1920) soll spanische Vorfahren gehabt haben. Er war unehelich geboren und kannte seinen Vater nicht. Meine Eltern waren beide Analphabeten, denn in den Bergen gab es damals keine Schule. Meine Mutter konnte nur ein wenig lesen und ihren Namen schreiben. Mein Vater musste mit dem Finger unterschreiben, er konnte gar nicht lesen und schreiben. Als die Beiden 1942 heirateten, war meine Mutter bereits schwanger. Da es als eine Schande galt, bereits vier Monate nach der Hochzeit ein Kind zu bekommen, wuchs meine älteste Schwester bei meinen Großeltern auf. Ich habe sie erst kennengelernt, als sie schon 19 Jahre alt war.

Unsere Eltern wurden von uns Kindern immer mit Sie angesprochen, das verlangte der Respekt.

Mein einziges noch erhaltenes Kinderbild

Landleben

Wir lebten auf dem Land etwa 15 Kilometer von Parral entfernt. Dort im Zentrum Chiles mit seinem mediterranen Klima gediehen die Weinberge, wuchsen Kirschen, Orangen und Quitten. Wir Kinder liebten vor allem die schmackhaften Maqui-Beeren, die auch chilenische Weinbeeren genannt werden. Die schwarzvioletten Beeren wachsen auf Sträuchern und Bäumen mit dunkelgrünen schmalen Blättern. Ursprünglich stammt der Baum aus den gemäßigt tropischen Regenwäldern Chiles und seine Beeren wurden bereits von den Indios als Medizin verwendet. Es gab auch Wald, in dem Lärchen, Kiefern, Zypressen und Araukarien wuchsen. Das flache Land war fruchtbar, es gab große Weideflächen für das Vieh. Es wurde Weizen, Bohnen und Mais angebaut, vor allem auch Zuckerrüben, die in der Zuckerrübenfabrik in der 40 Kilometer entfernten Stadt Linares verarbeitet wurden. Wie sehr habe ich es gehasst, wenn wir Kinder beim Rübenhacken mithelfen mussten!

Das Leben war hart für die kleinen Bauern im Zentrum des Landes. Die meisten besaßen wenig Land und viele Kinder und arbeiteten für die Großgrundbesitzer der Fundos, das waren riesige Landgüter mit weiten Wiesen. Mein Vater arbeitete als Diener für den Patron des Fundo Palomar Parral. Der Fundo war eines der größten Besitztümer der Region. Es gab Rinder, Schafe, Ziegen und Hühner. Der Patron züchtete Pferde und nahm an Pferderennen teil. Auf dem stattlichen Anwesen arbeitete eine Vielzahl von Bediensteten, die für Feldarbeit, Versorgung der Tiere und Bewirtschaftung des Hofes zuständig waren. Es war eine mühsame Arbeit und der Patron führte ein strenges Regiment. Er hatte immer eine Gerte in der Hand und wenn ihm etwas nicht passte, schlug er sofort zu. Doch die Menschen, die dort arbeiteten, hatten keine Wahl. Wo hätten sie sonst hingehen können? Das nächste große Anwesen, der Fundo Villa Rosa gehörte dem Bruder des Patrons. Es gab nur verstreut liegende Einzelgehöfte mit weiten Wiesen und Feldern und ein kleines Dorf.

Mein Vater war auf dem Gutshof für die Versorgung mit Nahrungsmitteln zuständig. Er machte Butter, Käse, bereitete das Fleisch vor und kochte für die Familie des Patrons.

Unser Zuhause

Wie alle Bediensteten lebten auch wir auf dem weitläufigen Gelände des Fundo, die nächsten Nachbarn waren fünfhundert bis tausend Meter entfernt. Es war ein Leben mitten in der Pampa, ohne Elektrizität, ohne Wasserleitungen, ohne Heizung. Wir hatten einen Brunnen, aus dem wir mit einem Eimer das Wasser hochziehen mussten. Wenn wir im Winter aufstanden, waren unsere Nasenlöcher schwarz vom Rauch, denn wir konnten nur mit Holz, Holzkohle und Kohle heizen.

Unser Haus war ein Lehmbau mit einem roten Ziegeldach, was für damalige Verhältnisse schon fortschrittlich war, denn die meisten kleinen Häuser waren mit Gras gedeckt. Wir hatten nur zwei Zimmer und noch einen Vorraum, der zugleich als Wohn- und Esszimmer diente. In einem der beiden Zimmer schliefen unsere Eltern, im Raum dahinter schliefen wir Kinder jeweils zu zweit in einem Bett. Die Küche bestand aus einer gesonderten kleinen Hütte, in der über dem offenen Feuer gekocht wurde. Später hatten wir einen Herd mit einem Backofen, der mit Holz beheizt wurde.

Ich erinnere mich daran, wie ich mit sieben Jahren einmal in diesem Ofen Feuer machen wollte, weil Mutter krank war. Ich hatte nicht bemerkt, dass der Backofen schon beheizt war, schichtete Holz ein, ein Stück Paraffin und näherte mich vorsichtig mit dem Streichholz, um das Paraffin anzuzünden. Plötzlich loderten Flammen aus dem Ofen direkt gegen mein Gesicht, meine Augenbrauen, Haare, alles war verbrannt. Die Frau des Großgrundbesitzers brachte mich in die Klinik, wo meine Verbrennungen behandelt wurden. Ich hatte noch einmal Glück gehabt.

„Den Kleinen darf man nicht schlagen!"

Meine Mutter war sehr liebevoll zu mir. Vater war streng, er schlug häufig zu, wenn ihm etwas nicht passte. Einmal waren meiner Schwester beim Aufräumen die Teller aus der Hand gerutscht, auf den Boden gefallen und zerbrochen. Vater wollte sie sofort schlagen, doch mein Bruder ging dazwischen „So geht das nicht weiter!" Vater reagierte wütend und schrie: „Ich mische mich nie wieder ein!" Aber seitdem hat er sie nicht mehr geschlagen. Daran erinnere ich mich noch genau: Als mein Bruder 18 Jahre alt war, erhielt er von Vater gewaltige Schläge mit den Worten „Jetzt weißt du, wie hart das Leben ist!" Das sollte der Abschied von der Kindheit sein. Vater hatte selbst in seinem Leben nur Schläge erlebt, deswegen hat er wohl diese Tradition weitergegeben.

Ich habe wenig davon abbekommen, weil Mutter mich immer geschützt hat mit den Worten „Den Kleinen darf man nicht schlagen!" Natürlich waren meine Geschwister eifersüchtig auf mich und so erhielt ich häufiger Schläge von meinen großen Brüdern. Sie machten sich einen Spaß daraus, mir Schauergeschichten zu erzählen. Unsere Toilette war ein einfaches Plumpsklo in einem Häuschen, dass für mich als kleiner Junge weit entfernt war. Ich hatte solche Angst, im Dunkeln dorthin zu gehen, dass ich mir öfter in die Hose machte.

Einmal erklärte mir mein Bruder: „Wenn du dir grüne Peperoni in die Augen schmierst, bekommst du grüne Augen!" Ich glaubte ihm natürlich und probierte es ahnungslos aus. Meine Augen brannten höllisch und die Augenlider schwollen an. Natürlich erhielt mein Bruder Schläge, doch er erzählte später noch oft und mit viel Freude von diesem Vorfall.

Wir besaßen kaum Spielzeug. Doch mit viel Phantasie bauten wir uns allerlei aus vorgefundenem Material. Aus Zaunresten, Metallteilen und Rädern entstand eine Kutsche. Ein Stiel mit einem Lenkrad diente uns als Auto. Manchmal spielten wir auch mit den Kindern des Großgrundbesitzers, doch meistens gerieten wir in Streit, denn sie zeigten immer deutlich, dass sie die

Herren seien und forderten von uns Respekt ein. Da sie auch nicht die einfache Dorfschule wie wir, sondern eine Schule in der Stadt besuchten, gingen wir meist getrennte Wege. Doch am liebsten beschäftigten wir uns mit den Tieren, ritten ohne Sattel auf den Pferden, spielten mit Lämmern und jungen Kälbchen.

Weil ich der Jüngste war, haben mich immer alle beschützt. So durfte ich immer nur hinter meinem Bruder auf dem Pferd sitzen, weil es hieß „Du darfst nicht vorne sitzen, das ist zu gefährlich!" Einmal habe ich ein solches Theater gemacht und so lange geweint, bis mein Bruder mich doch vorne sitzen ließ. Wir sollten ins Dorf reiten, ich hielt die Zügel. Plötzlich erschrak das Pferd und machte einen Satz. Ich konnte es nicht mehr unter Kontrolle halten. Vor lauter Angst herunterzufallen und unter das Pferd zu geraten, ließ ich mich zur Seite ins Gras fallen. Doch ich hatte nicht bemerkt, dass dort auch ein Stacheldrahtzaun war, in dem ich hängen blieb. Mein Bruder befreite mich aus meiner misslichen Lage und erschrak: Mein ganzer Rücken war blutig aufgerissen. Er brachte mich nach Hause. Mutter war schockiert, als sie mich sah und behandelte meine Wunden. Zum Glück war alles noch einmal gut gegangen!

Erst mit 13 Jahren durfte ich alleine reiten, erst dann haben mir meine Eltern ein Pferd anvertraut. Mit meinem Bruder wettete ich, wer am schnellsten an unserem Haus sei. Wir galoppierten los. Plötzlich bog mein Pferd in den Hof ab und ich flog in hohem Bogen geradeaus. Die Pferde waren es gewohnt, im Innenhof ihr Futter zu bekommen und mein Pferd war wohl hungrig gewesen.

Doch wir hatten auch schon unsere Aufgaben: abends mussten wir die Kälber von den Kühen trennen, damit sie in der Nacht nicht zu viel Milch tranken und wir morgens melken konnten. Wir holten die Schafe in den Stall und brachten sie morgens wieder auf die Weide, sammelten Mist, der als Dünger für die Pflanzen benutzt wurde. Auch im Garten und auf dem Feld mussten wir mithelfen: Kartoffeln rausholen, Säcke schleppen, hacken, Bohnen säubern und sortieren. Wie habe ich das gehasst! Da war ich der Faulste von allen sieben Geschwistern.

Einmal sollten mein Bruder und ich jeder auf einem Acker von Nachbarn Rüben hacken. Mein Bruder schaffte das in einer Woche, ich brauchte dafür vier Wochen. Von dem Geld, das wir dafür erhielten, konnten wir uns im Dorf kaum etwas leisten. Es gab zwar einen kleinen Kiosk, Pulperia, in dem man das Nötigste wie Reis, Zucker und Salz kaufen konnte. Doch richtig einkaufen konnte man nur in der Stadt. Erhielt mein Vater am Ende des Monats seinen Lohn, fuhren Mutter und Vater mit der Kutsche in die Stadt, um das Nötige zu besorgen.

Als kleiner Junge war es immer mein Traum, nach Parral zu kommen. Einmal hat mich Mutter mitgenommen. Wir fuhren mit dem Bus. Schon kurz nach dem Einsteigen fragte ich immer wieder: „Mama, sind wir schon in Parral?" Damals war das für mich etwas ganz Besonderes. Die Stadt erschien mir sehr groß. Es gab viele Läden, einen Markt, auf dem man einkaufen konnte. Wir kauften nur die speziellen Dinge, die es Zuhause nicht gab, wie zum Beispiel Hefe oder Konserven. Alles andere produzierten wir ja selbst.

Mutter hat jeden Tag frisches Brot gebacken. Zum Frühstück gab es normalerweise eine Suppe mit geröstetem Brot. Von Montag bis Samstag aßen wir Bohnen, entweder Bohnen mit Kartoffeln oder Bohnen mit Spaghetti und am Sonntag gab es Hühnerfleisch oder Hartfleisch. Jedes Jahr wurde ein Schwein geschlachtet, damit hatten wir Fleisch für ein ganzes Jahr.

Auf einer Singer-Nähmaschine mit Handantrieb nähte Mutter unsere Kleidung. Ich besaß nur zwei Hosen, eine für die Woche und eine für sonntags. Am Wochenende wusch Mutter die Hose, damit ich am Montag wieder eine saubere Hose anziehen konnte.

Fiesta de San Antonio

In unserer Familie wurden selbstverständlich der Sonntag und alle Festtage mit ihren religiösen Bräuchen eingehalten. Wir besuchten mit unseren Eltern jeden Sonntag den Gottesdienst in der Kirche, die sich auf dem Gebiet des Fundo Villa Rosa befand. Der dortige Großgrundbesitzer hatte gute Beziehungen zur Kirche. Der Pfarrer war ein Freund des Hauses. Uns Kinder schüchterte er ein, denn er war ein starker und lauter Mann.

Erstkommunion und Firmung waren ganz besondere Festtage. Zur Firmung wurde der Bischof eingeladen, für den es einen feierlichen Empfang gab. Wir streuten dem Bischof Blumen und es gab ein Riesenfest. Ich erinnere mich noch genau: Das größte Geschenk, das ich zur Firmung bekommen habe, war eine

Tasse Milch mit Kaba. Das war etwas ganz Besonderes. Doch mir hat es überhaupt nicht geschmeckt und seitdem mag ich keine Schokolade.

Weihnachten wurde nicht groß gefeiert, es gab keine Geschenke. Der Patron hat nur ein paar Kleinigkeiten verteilt. Da Weihnachten in Chile in die Zeit fällt, in der die Kirschen reif sind, haben wir ein Bäumchen mit Kirschen dekoriert. Dann nahmen wir weiße Watte und verteilten sie als Schnee auf dem Bäumchen, das war dann unser Weihnachtsbaum. Natürlich gab es an Weihnachten in der Familie auch ein besonders gutes Essen.

Doch das schönste Fest war das Fest des heiligen Antonio. Er ist in Chile ein sehr berühmter Heiliger und da drei meiner Brüder den Namen Antonio tragen, wurde dieses Fest immer in unserem Haus gefeiert. Die ganze Nachbarschaft kam zusammen. Es gab Wein und gutes Essen, es wurde getanzt und musiziert. Auch Vater war ein guter Tänzer. Meine Mutter war Sängerin, sie hat Gitarre gespielt und gesungen. Es gab immer Feste in den verschiedenen Häusern mit Tanz und Musik. Im Juni feierten wir bei einem der Nachbarn das Fest von San Juan, im Oktober in einem anderen Haus das Fest von San Francisco. So durfte ich in meiner Kindheit auch viel Fröhlichkeit erleben.

Alle Kinder der Umgebung besuchten die Dorfschule, die sich auf dem Gebiet des Fundo Villa Rosa befand. Wir mussten fünf Kilometer zu Fuß hinlaufen. Manche Kinder sind auch mit dem Pferd zur Schule gekommen. Die Pferde warteten dann geduldig vor der Schule auf das Ende des Unterrichts. Wir waren etwa 20 bis 25 Schüler in einer Klasse. Die Direktorin der Schule war sehr streng. Punkt acht Uhr schloss sie die Schule ab. Wer sich verspätete, kam nicht mehr ins Gebäude hinein und musste später mit seinen Eltern kommen. Manche Kinder kamen erst gar nicht zur Schule, weil sie Zuhause mithelfen mussten. Auch meine große Schwester konnte nicht regelmäßig den Unterricht besuchen und kann deshalb nicht lesen und schreiben.

Was mir gut gefallen hat, dass jedes Kind einen Stoffbeutel erhielt, der Seife, einen Waschlappen, eine Zahnbürste und Zahnpasta enthielt. Es war Pflicht, jeden Tag nach dem Essen in der Schule die Zähne zu putzen. Das war Bestandteil der Schulerziehung. Wer seinen Beutel vergessen hatte, wurde entweder nach Hause geschickt oder musste einen Tag später mit seinen Eltern zur Schule kommen.

Der Unterricht war sehr streng. Wir bekamen mit dem Lineal Schläge auf die Hände oder wurden an den Ohren gezogen, wenn wir nicht aufpassten oder etwas nicht wussten. Einmal hatte ich eine Lehrerin, die uns oft vorlesen ließ. Ich konnte nicht gut lesen und hoffte nur: „Hoffentlich nimmt sie mich nicht dran!" Es war immer eine Katastrophe, wenn es mich doch traf. Doch meine Eltern konnten mir nicht helfen, denn sie konnten ja selbst kaum lesen und schreiben, meine Geschwister hatten kein Interesse und in der Schule gab es keine besondere Förderung. Zudem waren die Lehrer sehr schlecht ausgebildet. Meist hatten sie nach dem Abitur nur eine kurze Weiterbildung absolviert und wurden dann zum Unterrichten in die Schulen geschickt.

Das Schulgebäude selbst befand sich in einem miserablen Zustand. Das Haus war sehr alt, die Wände so schief, dass eine Wand sogar abgestützt werden musste, damit sie nicht zusammenbrach. Im Winter war es eiskalt. Wir hatten Konservendosen, in die wir warme Kohlen gefüllt hatten, an denen wir uns die Hände wärmen konnten. Unter diesen Bedingungen war auch unsere Konzentration auf dem Nullpunkt. Wir besuchten damals die sechste oder siebte Klasse, als wir es nicht mehr aushielten und in einem Wutanfall dieses alte Gemäuer zerstörten. Unsere Eltern hatten Verständnis für unser Handeln „Hier kannst du wirklich nicht lernen." Schließlich entschied die Stadt, am gleichen Ort eine neue Schule zu bauen, die Platz für mehr als 200 Schüler bot.

Mein Lieblingsfach war Biologie. Spanisch und Mathematik habe ich gehasst, aber las ciencias naturales, so hieß bei uns Biologie, hat mir sehr gefallen. Unter dem Mikroskop untersuchten wir, wie ein Blatt zusammengesetzt ist, lernten vieles über Flora und Fauna. Auch der Aufbau des menschlichen Körpers hat mich sehr interessiert.

Ich wollte nicht wie meine Geschwister nach der acht-jährigen Volksschule als Landarbeiter mein Leben fristen, mein Traum war es, in der Stadt Parral das Gymnasium besuchen zu können.

Böse Gerüchte

Eines Tages verbreitete sich auf dem Fundo das Gerücht, mein Vater würde den Patron bestehlen. Vater hatte lediglich mit der Chefin abgesprochen, dass er Essensreste, die sonst weggeworfen würden, für seine Schweine mitnehmen durfte. Doch anscheinend waren Neid und Missgunst unter den Mitarbeitern so groß, dass sie dem Großgrundbesitzer zutrugen, Vater würde ihn bestehlen. Er beteuerte seine Unschuld, doch obwohl es keinerlei Beweise für einen Diebstahl gab, erhielt er vom Patron die fristlose Kündigung. War der wahre Grund für Vaters Kündigung etwa sein Engagement in der Gewerkschaft?

Seit Oktober 1970 war der Sozialist Salvador Allende Staatspräsident Chiles. Er hatte den Kupferbergbau verstaatlicht, ausländische Großunternehmen enteignet und eine Agrarreform initiiert, bei der 20.000 Quadratkilometer Fläche in vergleichbar kurzer Zeit von Großgrundbesitzern an Bauern und Kollektive übergeben worden waren. Fürchtete der Patron auch um seinen Landbesitz und suchte nur einen Vorwand, um einen möglichen unliebsamen Gegner loszuwerden? Ich hatte damals als Kind von den politisch unruhigen Zeiten noch nicht viel mitbekommen. Doch mein

Bruder Sergio war in der sozialistischen Partei Allendes aktiv. Er nahm die Sache in die Hand, engagierte einen Anwalt und es kam zu einem Gerichtsprozess, den der Großgrundbesitzer verlor. Er wurde verpflichtet, meinen Vater wiedereinzustellen. Vater arbeitete zwar wieder auf dem Fundo, doch er weigerte sich, im Haus zu arbeiten: „Da man dort kein Vertrauen in mich hatte, will ich das Haus nicht mehr betreten." Von nun an arbeitete er auf dem Feld und im Stall.

Dann änderte sich alles

Es war 1973. Ich ging in die achte Klasse der Dorfschule, als ich im September mitbekam, wie einige Mitschüler erzählten „Die Kuh ist tot. Sie gibt keine Milch mehr." Erst später begriff ich, was das hieß. Präsident Allende hatte während seiner Regierungszeit angeordnet, dass jedes Schulkund kostenlos täglich einen halben Liter Milch bekam. Er war am 11. September durch einen Militärputsch General Augusto Pinochets gestürzt worden. Nach Bombardierung und Erstürmung des Präsidentenpalastes hatte Allende Suizid begangen. Nach dem gelungenen Putsch übernahm Pinochet mit seiner Militärjunta die Macht.

Viele Mitglieder und Sympathisanten der gestürzten Allende-Regierung, von Linksparteien und Gewerkschaften wurden sofort verhaftet, darunter auch mein Bruder Sergio. Er wurde geschlagen, gefoltert, musste sogar Urin trinken und wurde ins Gefängnis nach Linares gebracht. Seine Frau war schwanger. Niemand wusste, was mit ihm geschehen würde.

Damals ahnten wir noch nicht, dass noch weitaus Schlimmeres auf uns zukommen würde.

Meiner Mutter ging es sehr schlecht. Da wir fürchteten, sie würde sogar sterben, kam mein ältester Bruder Gilberto Antonio mit seiner Familie von Santiago de Chile zu uns ins Dorf. Er war Mitglied in der kommunistischen Partei, daher war sein Besuch wegen der angespannten politischen Lage und der verhängten Ausgangssperre nicht ganz ungefährlich. Er blieb einige Tage, bis es Mutter etwas besserging. Für Samstag, den 13. Oktober, hatte er ein Zugticket für die Rückfahrt nach Santiago. Am Freitag aßen wir gemeinsam mit der ganzen Familie und feierten Abschied. Dann ging mein Bruder zu seinen Schwiegereltern, wo er mit seiner Frau und seinen Kindern übernachtete. Am Samstagmorgen wollten wir alle zum Bahnhof nach Parral bringen. Ich erinnere mich daran, wie ich am Abend gemeinsam mit meinem Bruder Miguel einen Holzbalken zur Verriegelung der Tür angebracht habe.

Wir schliefen noch, als es am Samstagmorgen gegen fünf Uhr früh heftig an der Tür klopfte. Erschrocken fuhren wir hoch. Lasso, unser Schäferhund, hatte merkwürdigerweise nicht angeschlagen. Wieder hörten wir heftige Schläge gegen die Tür und eine Stimme rief: „Öffnet die Tür oder wir schießen!" Vater stand auf, schob den Riegel zur Seite und öffnete. Mehrere Polizisten drangen mit vorgehaltener Pistole in unser Haus ein. „Wo ist Gilberto?" „Er ist nicht hier" antwortete mein Vater. „Wir glauben dir nicht!" Sie begannen alle Räume zu durchsuchen, rissen die Tür zu unserem Schlafraum auf. „Da ist er doch!" „Nein, das sind die beiden Jüngsten." Entsetzt blickten wir direkt in den

Lauf einer Pistole. Wir wagten uns nicht zu rühren und hockten starr vor Angst in unserem Bett. Im gleichen Raum befanden sich noch meine beiden Schwestern, die sich zitternd in eine Ecke drängten. Als die Polizisten meinen Bruder nicht fanden, packten sie Vater und nahmen ihn zum Verhör mit. „Wir werden schon noch herauskriegen, wo dein Sohn steckt!" Hilflos und vollkommen verstört blieben wir zurück.

Gegen neun Uhr kam meine Schwägerin. Sie berichtete weinend, dass die Polizisten auch im Haus ihrer Eltern aufgetaucht seien. Sie hatten auch dort alle Räume durchsucht, Teile des Mobiliars zerstört und ihre Brüder brutal geschlagen, bevor sie meinen Bruder Gilberto mitnahmen.

Was tun?

Wir waren verzweifelt. Was sollten wir tun? Mutter stand so unter Schock, dass sie mehrere Tage gar nicht aufstehen konnte. Sie war wie erstarrt. Niemand traute sich nachzufragen, was mit Vater und Bruder geschehen ist. Doch auch wenn mich die Ereignisse des 13. Oktobers in Angst und Schrecken versetzt hatten, wollte ich unbedingt herausfinden, wohin Vater und Gilberto gebracht worden waren. Gemeinsam mit meinem Bruder Miguel machte ich mich auf den Weg, um nach ihnen zu suchen. Zuerst fragten wir auf der Polizeistation Parral nach ihnen. Dort vertröstete man uns, wir sollten abwarten, sie würden schon zurückkommen. Wir gingen zum Bürgermeister von Parral, doch er weigerte sich, mit uns zu sprechen. Entschlossen sagte ich zu meinem Bruder „Du, wir bleiben hier solange sitzen, bis uns die Polizisten holen. Wir bewegen uns hier nicht fort, bis er mit uns spricht. Ich will wissen, wo unser Vater ist!" Nachdem mehrere Stunden vergangen waren, informierte die Vorzimmerdame schließlich den Bürgermeister: „Die Jungen gehen nicht weg." Da empfing er uns endlich in seinem Büro. Wir fragten ihn, ob er etwas über die Festnahme von Vater und Gilberto wisse und baten ihn, uns die Wahrheit zu sagen. Er antwortete nur, er wisse gar nichts, er sei neu in diesem Bereich. Wir sollten nach Hause gehen und warten. Ich erinnere mich noch sehr gut daran, wie sehr ich hoffte, Vater würde jeden Moment zurückkehren, denn zwei Tage später war mein Geburtstag und ich wurde fünfzehn Jahre alt. Die Ereignisse des 13. Oktober hatten meine unbeschwerte Kindheit jäh beendet.

Die Wochen vergingen und nichts geschah. Noch immer keine Spur von Vater und Gilberto! Mutter war krank vor Angst und Sorge. Bald mussten wir unser Haus verlassen, da ja der Ernährer der Familie fehlte. Mein Bruder Luis Antonio, der mit seiner Familie im Dorf wohnte, nahm uns alle auf, meine Mutter, meine Schwester, meinen Bruder und mich, auch wenn er nur ein kleines Haus hatte.

Im Dezember 1973 beendete ich meine Schulzeit an der Dorfschule. Ich wollte in Parral das Gymnasium besuchen. Da wir kaum Geld hatten, konnte ich nicht immer mit dem Bus in die Stadt fahren, sondern musste häufig 15 Kilometer zu Fuß laufen oder versuchen, per Anhalter zu fahren. Meistens kam ich zu spät zum Unterricht. Im Winter war es nass und kalt, so dass ich häufig erkältet war und immer wieder unter Ohrenentzündungen litt. Als meine Ohrenschmerzen immer unerträglicher wurden, stellte meine Schwägerin fest, dass Blut und gelber Eiter aus meinen Ohren rannen und wollte mit mir zum Ohrenarzt gehen, aber das konnte ich mir nicht leisten, denn ich war nicht krankenversichert. Schließlich besorgte sie mir die Krankenkarte ihres Bruders. Auf diese Weise kam ich unter dem Namen ihres Bruders in die Sprechstunde des Arztes. Er behandelte mich und riet mir dringend zu einer Operation, denn mein Trommelfell war inzwischen geplatzt. Später sollte ich noch mehrmals am Ohr operiert werden.

Eine Zeitlang konnte ich bei einem Onkel in Parral wohnen, doch auf Dauer waren ihm die Kosten für meinen Unterhalt zu hoch. Ich musste Geld verdienen und fand Arbeit bei einem Arzt in Parral. Tagsüber arbeitete ich in Garten und Haus, half in der Praxis und abends besuchte ich die Schule. Meine Unterkunft war eine kleine Hütte im Garten des Arztes. Ich durfte nicht mit der Familie gemeinsam an einem Tisch essen. Als Sohn und Bruder von Verschwundenen war ich dort nicht erwünscht. Der Arzt war ein Tyrann und behandelte mich schlimmer als einen Hund.

Als ich es nicht mehr aushielt, entschloss ich mich nach Linares zu gehen. Mein Bruder Sergio, der immer noch inhaftiert war, hatte dort eine Wohnung. Da meine Schwägerin, die schwanger war, nicht alleine in der Wohnung bleiben wollte und zu ihren Eltern gezogen war, konnte ich in der Wohnung meines Bruders unterkommen und in Linares das Gymnasium besuchen.

Linares

Bevor mein Bruder inhaftiert worden war, war er Fahrer eines sozialistischen Politikers gewesen. Im Gefängnis hatten die Gefangenen die Möglichkeit zu arbeiten, um etwas Geld für ihre Familien draußen verdienen zu können. Mein Bruder forderte mich auf: „Besuch mich jeden Tag und bring mir Material zum Arbeiten mit. Kauf für mich ein, was ich brauche. Du kannst handeln. Wenn du das Material günstiger bekommst, ist der Gewinn für dich." Auf diese Weise konnten er und weitere Mitgefangene im Gefängnis Schuhe reparieren.

Für mich waren die Gefängnisbesuche eine große Herausforderung. Jedes Mal dachte ich: Ob ich hier wieder herauskomme? Mit großem Herzklopfen näherte ich mich dem düsteren Gebäude, das von einer hohen Mauer umgeben war. Ich ging durch ein großes Metalltor, bevor ich mich an einer weiteren Tür anmelden musste. Dort musste ich meinen Ausweis abgeben, wurde abgetastet und untersucht. Auch das Material, das ich für meinen Bruder gekauft hatte, wurde gründlich geprüft, ich selbst durfte ihm das Paket nicht geben. Ich schwitzte und zitterte jedes Mal vor Angst, wenn ich diese Prozedur über mich ergehen lassen musste. Endlich passierte ich eine weitere Metalltür und kam in einen Hof, in dem die Besucher die Gefangenen treffen konnten. Dort gab es einen Stehtisch, an dem wir uns unterhalten konnten, natürlich nur unter strenger Bewachung. Es gab feste Besuchszeiten, morgens von 9 bis 12 Uhr und nachmittags von 15 bis 18 Uhr. Jeder Besuch kostete mich große Überwindung und jedes Mal begleitete mich die Angst.

Sie begleitete mich auch während der Schulstunden. Ich konnte mich kaum auf den Unterricht konzentrieren. Meine Gedanken kreisten immer wieder um die gleichen Fragen: Was wird passieren? Werde ich auch noch im Gefängnis landen? Wo sind Vater und mein Bruder Gilberto? Mit niemandem konnte ich darüber reden. Die anderen Schüler sagten nur „Sei lieber ruhig." Die meisten, deren Familienmitglieder inhaftiert oder verschollen waren, vertuschten es und trauten sich nicht, darüber zu reden. Ich hatte offen erzählt, dass mein Vater und mein Bruder verschwunden waren und ein weiterer Bruder im Gefängnis sitzt.

Einmal hatte ich einen Brief formuliert, den ich direkt an Präsident Pinochet schicken wollte. Als ich meine Spanischlehrerin fragte, ob sie mir bei der Korrektur helfen würde, lehnte sie ab. Als Angehöriger von Verschwundenen war ich das schwarze Schaf in der Schulklasse. Inzwischen waren schon mehr als eineinhalb Jahre vergangen, ohne dass wir etwas über das Schicksal von Vater und Gilberto erfahren hatten. Doch ich wollte nicht aufgeben und weitere Nachforschungen anstellen. Da ich noch minderjährig war, hoffte ich, dass mir schon nichts geschehen würde.

Durch die Schwestern meiner Schwägerin erfuhr ich
von einer katholischen Jugendgruppe, die sich regelmäßig traf. Sie luden mich ein, an ihren Treffen teilzu-
nehmen. In Bibelstunden diskutierten wir über den
Glauben, bereiteten Gottesdienste vor, sangen vorne
am Altar zu Gitarrenmusik und halfen als Ministranten
aus. In der Ferienzeit veranstalteten wir Zeltlager in
den Bergen. Viele in der Jugendgruppe wussten von
meinem Schicksal. Wir beteten gemeinsam, der Glaube
und das Vertrauen zu Gott stärkten mich. Auch die
Gruppe gab mir Halt, hier konnte ich endlich über
meine Ängste und Probleme sprechen.

Ich begann selbst Jugendgruppen zu leiten. Für die
Mädchen war es damals nicht einfach, für die Jugend-
freizeiten eine Erlaubnis ihrer Eltern zu bekommen.
Ich hielt guten Kontakt zu den Eltern. Sie vertrauten
mir und sagten „Wenn du dabei bist, kann meine Tochter mitkommen." Über mein Schicksal wussten die Eltern natürlich nichts, das wurde immer geheim gehalten.

Erste Liebe

Während meiner Zeit in der Jugendarbeit begann ich
gemeinsam mit meinem besten Freund Vorträge in
Schulklassen zu halten. In unserer Klasse war das Verhalten gegenüber Lehrern und Mitschülern sehr res-

pektlos. Wir hielten einen Vortrag zum Thema Respekt: Warum bin ich überhaupt in der Schule? Was will ich? Wie verhalte ich mich gegenüber anderen? Unsere Initiative hatte sich schnell herumgesprochen und wir wurden auch in andere Schulen eingeladen, um Vorträge zu halten. Dort war ich der Schwester einer Klassenkameradin aufgefallen. Sie fragte ihre Schwester „Wer war das, der diesen Vortrag gehalten hat?" Sie wollte mich kennenlernen. Wir trafen uns und verliebten uns ineinander. Ihr Vater war Polizist und unterstützte die Diktatur, ihr Bruder ebenso. Beide durften nichts über mein Schicksal als Angehöriger von Verschwundenen wissen. So mussten wir uns immer heimlich treffen. Ihre Mutter wusste von meinem Geheimnis und warnte uns: „Davon darf Vater nie etwas erfahren."

Irgendwann traf ich die Entscheidung „Das geht so nicht mehr weiter. Ich will mich nicht vor dem Vater verstecken." Ich wollte mich endlich frei bewegen. Es gab Sperrstunden, man musste um 21 Uhr Zuhause sein. Es war gefährlich, abends noch auf der Straße gesehen zu werden. Wenn ich gelegentlich bei meiner Freundin Zuhause war, dachte ihr Vater, ich würde gemeinsam mit ihrer Schwester für die Schule lernen. Es war eine sehr gefährliche Situation für mich, denn der Vater durfte auf keinen Fall von meinen Aktivitäten erfahren, die ich inzwischen aufgenommen hatte.

Als Jugendgruppenleiter

Unser Pfarrer gab mir wichtige Impulse, was ich alles machen könne, um mehr über das Verschwinden meines Vaters und meines Bruders zu erfahren. Er schlug mir vor, mich mit anderen betroffenen Angehörigen zusammenzutun.

Es gab nur eine Instanz in Linares, an die sich die Menschen in ihrer Bedrängnis wenden konnten: das bischöfliche Ordinariat. Dorthin kamen die Angehörigen der Verschwundenen und der Verhafteten, die Arbeitslosen, die nicht mehr wussten, wie sie ihre Familien ernähren sollten. Mit einer kleinen Schar von Unterstützern versuchte Bischof Carlos Camus zu helfen und ermutigte die Menschen zum gemeinsamen Handeln.

Ich begann in diesen Gruppen mitzuwirken und begriff, dass viele Angehörige dieselben Erfahrungen machen mussten wie ich. Auch sie fühlten sich isoliert und durch eine Mauer des Schweigens von der Gesellschaft ausgeschlossen. Das Bewusstsein, dass ich mit meinem Schmerz nicht alleine dastand, half mir in meiner persönlichen Auseinandersetzung und ermutigte mich, in meinen Bemühungen nicht aufzugeben. Indem ich Menschen half, die das gleiche Schicksal erlitten hatten, konnte ich meine eigene Tragödie zum Teil überwinden.

Meine Aufgabe war es, Angehörige von Verschollenen und Verhafteten in Linares ausfindig zu machen und aufzusuchen. Viele ahnungslose Menschen waren oft zu nächtlicher Stunde von den Schergen der Geheimpolizei aus ihren Wohnungen gezerrt und zu Verhören an unbekannte Orte gebracht worden, wo sie gefoltert wurden. Diejenigen, die man nach den Verhören wieder nach Hause schickte, wagten nicht, Klage gegen ihre Peiniger zu erheben. Es schien, dass viele Verhaftungen nur den Zweck verfolgten, die Bevölkerung in Angst und Schrecken zu versetzen.

Ich traf immer wieder auf Angehörige, die „freiwillig" schwiegen, weil das Regime mit überraschenden Hausbesuchen, Verhören und dem Verlust der Arbeitsplätze drohte. Sogar Eltern, deren Kinder verschollen waren, verschwiegen deren Verschwinden gegenüber Freunden und Nachbarn aus Furcht vor dem Regime. Wenn ich nachfragte und offen erzählte, dass auch mein Vater und mein Bruder zu den los desperacidos, den Verschwundenen, gehörten, gaben viele ihr anfängliches Misstrauen auf und reagierten offen. Sie gaben mir weitere Namen von Betroffenen und Personen, an die ich mich wenden könnte. Immer wieder versuchte ich meine Gesprächspartner zu motivieren „Kommen Sie doch mit! Lassen Sie uns gemeinsam etwas machen!"

Eine unserer wichtigsten Aktivitäten waren Gesuche, die wir beim Obersten Gerichtshof einreichten, um eine Untersuchung über das Schicksal der Verschollenen zu erreichen. Wir sammelten Informationen über jede vermisste Person, über die Umstände ihrer Verhaftung und Namen eventueller Zeugen. In einer sogenannten declaración jurada, einer eidesstattlichen Versicherung, meldeten die Angehörigen ihre verschollenen Familienmitglieder offiziell als vermisst. Viele trauten sich nicht, diese Erklärung abzugeben, da das

Regime die Unterzeichner mit überraschenden Hausbesuchen und allen möglichen Schikanen einzuschüchtern versuchte. Wir fertigten Listen von Vermissten an, um herauszufinden, wo sich die verschwundenen Menschen derzeit aufhielten. Sie waren festgenommen worden nur aufgrund des Verdachts „links" zu sein. Unser Ziel war es, diese Schicksale bekannter zu machen, denn es gab keine Öffentlichkeit für die Unterdrückten. Keine Zeitung, kein Fernsehprogramm und keine Radiostation berichteten über die täglichen Übergriffe des Geheimdienstes und der Polizei. In der Provinz war der Druck noch stärker, das Schweigen undurchdringlicher, die Ohnmacht größer als in der Hauptstadt Santiago. Nur mit Mühe fanden wir einen Drucker, der es wagte, uns einen Flyer zu drucken mit dem Titel „Dónde están?" (Wo sind sie?). Diesen Flyer verteilten wir in Linares, um auf das Schicksal der Verschollenen aufmerksam zu machen.

Unsere Gruppensitzungen fanden immer in der Kirche statt, denn nur dort war noch ein Ort der Freiheit und des gegenseitigen Vertrauens. Die Menschen kamen zum Pfarrer oder zum Bischof, um ihre Geschichte zu erzählen. Mein Ziel war es, die Betroffenen zusammenbringen und in Linares eine Gruppe der Familien von Inhaftierten und Verschollenen zu gründen. Doch vor allem war ich das Verbindungsglied zwischen Linares und der Hauptstadt Santiago. Dort hatte Kardinal Raul Silva Henriquez die Vicariá de la Solidaridad (Vikariat der Solidarität) gegründet, eine kirchliche Menschenrechtsorganisation, die nicht nur die Angehörigen der verschleppten Söhne, Väter und Ehemänner unterstützte, sondern auch die ersten Listen von Verschollenen erstellte. Alles was ich aus Parral und Linares erfahren konnte, habe ich nach Santiago weitergegeben. Alleine aus meinem Dorf wusste ich konkret von sieben verschwundenen Personen. Immer wieder fuhr ich in die 350 Kilometer entfernte Hauptstadt zur Plaza de Armas 444, dem Hauptquartier der Vicariá direkt neben der Kathedrale. Es war ja viel zu gefährlich Telefonate zu führen und auch Briefe konnten in die falschen Hände gelangen.

Niemand wusste von meiner geheimen Mission. Nur der Bischof war informiert und gab mir Geld für die Zugfahrkarte. Oft hatte ich kaum etwas zu essen und lebte den ganzen Tag von einem Sandwich und einer Cola.

Arpilleristas

In Santiago lernte ich weitere Gruppen von Betroffenen kennen. Es waren vor allem Frauen, die sich zusammengeschlossen hatten und vor den Gefängnissen und in Krankenhäusern immer wieder Informationen über ihre verschwundenen Ehemänner und Söhne forderten. Unter dem Schutz der Kirche trafen sie sich regelmäßig zu Workshops, wo sie sogenannte Arpilleras anfertigten, das waren farbige Patchworkbilder, in denen sie die Erinnerung an ihre verschwundenen Familienmitglieder festhielten und die Gewalt des Pinochet-Regimes anklagten. Das Vikariat verkaufte die Stoffbilder im Ausland und ermöglichte den mittellosen Frauen damit ein geringes Auskommen. In der Atmosphäre dieser Workshops fassten die Frauen Vertrauen zueinander, sie konnten sich gegenseitig ihre Sorgen und ihr Leid erzählen ohne befürchten zu müssen, dass Informanten dies an Regierungsstellen weitergaben. In den Bildern verarbeiteten sie auf kreative Weise ihre Seelenqualen über das Verschwinden ihrer Liebsten, sie erzählten damit ihre Geschichte und protestierten gleichzeitig gegen das, was in ihrem Land mit den Menschen geschah. Mit der Zeit ersetzte die Gemeinschaft der Arpilleristas die Familie, die die Frauen verloren hatten. Die Gruppe stärkte sie und ihre Angst löste sich auf. Bald erweiterten sie ihre Aktivitäten. Sie begannen Straßenproteste zu initiieren.

Bei einigen dieser Aktionen war ich mit dabei. Einmal wollten wir einen Brief über die Geschichte der Verschwundenen beim Cortes Suprema, dem Obersten Gerichtshof, einreichen und unser Vorhaben mit einer Protestaktion unterstützen. Plötzlich erschienen Polizisten und begannen zu schießen. Die Frauen versuchten mich zu schützten und brachten mich sofort aus der Schusslinie, denn ich war der Jüngste von allen und noch minderjährig.

Bei einer anderen Aktion haben wir uns vor Regierungsgebäuden an den Eisenzaun angekettet, um damit auf unser Schicksal als Betroffene aufmerksam zu machen. Als die Polizei mit Schlagstöcken anrückte, sagten die Frauen „Der Junge muss weg!" Sie steckten mich in ein Taxi, das mich an einen sicheren Ort brachte. Immer haben sie mich geschützt, sie selbst wurden oft brutal zusammengeschlagen und ins Gefängnis gebracht.

Im Juli 1976 kam mein Bruder Sergio aus dem Gefängnis frei. Ihm war klar, dass der Preis für seine Freiheit der Verlust seines Heimatlandes war. Er sollte das Land verlassen, seine schwangere Frau und seine Tochter durfte er mitnehmen. Damals wurden viele Oppositionelle vom Regime gezwungen, ins Exil zu gehen. Es gab viele Länder, die chilenische Exilanten aufnahmen und Menschenrechtsorganisationen wie Amnesty International bemühten sich sehr, diesen Menschen Visa zu beschaffen. Es war mehr oder weniger Zufall, in welches Land man kam. Sergio erhielt schließlich ein Visum für die Bundesrepublik Deutschland.

Er wartete fast ein Jahr auf das Ausreisevisum. Da er als ehemaliger politischer Gefangener keine Chance hatte, irgendwo Arbeit zu finden, konnte er durch die Unterstützung der Kirche eine Schuhwerkstatt eröffnen. Tagsüber half ich dort teilweise in der Werkstatt und besuchte abends die Schule. Ich muss zugeben, dass der Schulbesuch durch mein Engagement für die Verschwundenen für mich immer unwichtiger wurde. Das erste Jahr im Gymnasium in Linares habe ich noch bestanden. Im zweiten Jahr war ich nur noch ein halbes Jahr dort.

Als Sergio einiges von meinen Aktivitäten erfuhr, ermutigte er mich: „Mach weiter, das ist gut!" Natürlich habe ich ihm nicht alles erzählt, denn ich wollte ihn nicht in Gefahr bringen.

In Santiago war eine Gruppe von Frauen in den Hungerstreik getreten. Sie forderten die Einsetzung einer internationalen Untersuchungskommission, die das Schicksal der Vermissten klären sollte.

Ich war begeistert von dieser Aktion und wollte zeitgleich einen Hungerstreik in Linares organisieren, obwohl eine solche Aktion in den kirchlichen Organisationen abgelehnt wurde. Ein Mann, dessen Sohn verschollen war, informierte den Bischof über mein Vorhaben. Der Bischof warnte mich: „Juan, mach das lieber nicht!" Ich habe trotzdem alles organisiert. Wir brauchten Wasser, Decken und Salz. Wir wollten in die Kirche gehen, ganz normal am Gottesdienst teilnehmen und nach dem Gottesdienst einfach in der Kirche bleiben und dort unseren Hungerstreik beginnen. Mein Bruder Miguel war eingeweiht und würde dann erst zum Bischof gehen und an die Presse, um unsere Aktion publik zu machen.

Doch bevor wir beginnen konnten, erhielt ich eine Nachricht aus Santiago, dass der Hungerstreik dort bereits aufgehoben worden war. Die Aktion war erfolgreich in verschiedenen Ländern durchgeführt worden und hatte so viel Aufmerksamkeit erregt, dass zahlreiche Anschreiben an den Obersten Gerichtshof in Chile eingingen und nachdrücklich die Klärung des Schicksals von Vermissten einforderten.

Kurz darauf im Sommer 1977 erhielt Sergio endlich sein Visum und er konnte gemeinsam mit seiner Familie nach Deutschland ausreisen.

Durch das Vicariá de la Solidaridad wussten wir, in welchen Gefängnissen sich wahrscheinlich Verschollene befanden. Der Ort, in dem ich geboren bin, gehörte zur Polizeistation Catillo. Dorthin sind mein Vater und mein Bruder gebracht worden, als man sie am 13. Oktober 1973 abholte. Von dieser Polizeistation aus sollten die Festgenommenen ins Gefängnis nach Parral gebracht werden. Aber weder mein Vater noch mein Bruder sind jemals in Parral angekommen! Laut Informationen der Polizei sind die Verhafteten in Catillo freigelassen worden. Sie sollten nach Hause gehen und sich am nächsten Tag in Parral melden.

An der Strecke von Catillo Richtung Parral befand sich die Colonia Dignidad, eine 1961 gegründete deutsche Sektensiedlung. Die deutsche Kolonie bot uns Chilenen immer ein sehr positives Bild, ein Muster einer sozialen Gruppe, die anderen Menschen halfen, sehr freundlich und fleißig waren. Als ich damals zur Schule nach Parral musste, haben mich die Leute aus der deutschen Kolonie oft mit dem Auto mitgenommen. Daher habe ich mir nie etwas Böses gedacht.

Doch da sich die Spur meines Vaters dort verlief, versuchte ich, in der Kolonie Nachforschungen anzustellen. Es war nicht einfach hineinzukommen. Man musste sich anmelden, erhielt dann eine Münze, die anzeigte, was man machen durfte. Da es dort eine Mühle gab, wo man Mehl mahlen lassen konnte, kam ich unter diesem Vorwand hinein. Dabei fiel mir auf, dass die Frauen in der Kolonie sehr harte Arbeit verrichteten und schwere Säcke schleppten. Vorsichtig schaute ich mich um. Es gab eine Klinik, ein Geschäft, in dem es landwirtschaftliche Werkzeuge zu kaufen gab und ganz hinten entdeckte ich eine vergitterte Tür, auf die ein Totenkopf aufgemalt war. Ich versuchte unbemerkt bis an diese Tür zu gelangen, als mich plötzlich eine Lautsprecherstimme warnte, mich von dort fernzuhalten.

Erst viel später erfuhr ich, dass die Colonia Dignidad eng mit dem Pinochet-Regime zusammengearbeitet hat. Auf ihrem Gelände existierte ein perfekt getarntes System von Bunkern und unterirdischen Zellen, dass sie für ein Ausbildungszentrum des Geheimdienstes DINA (Dirección de Inteligencia Nacional) zur Verfügung gestellt hat.[1] Hier wurden angehende Geheimdienstleute für Verhöre geschult, lernten foltern und töten. Die meisten der dort Inhaftierten wurden barbarisch misshandelt und verließen dieses Lager nicht mehr lebend. Meine Vermutung ist, dass auch mein Vater und mein Bruder in der Colonia gelandet sind und wahrscheinlich dort ermordet wurden.

---

[1] Dieter Maier: „Äußerste Zurückhaltung" – die Colonia Dignidad und die deutsche Diplomatie 1961-1978. Nürnberger Menschenrechtszentrum. http://www.menschenrechte.org/tag/colonia-dignidad. Letzter Abruf 25.5.2018

Am 16. Dezember 1977 bekräftigte die UNO in einer Resolution ihre tiefe Entrüstung über ständige und offenkundige Verletzungen der Menschenrechte in Chile und zeigte sich beunruhigt über willkürliche Verhaftungen und das Verschwinden von Personen. Daraufhin erklärte Präsident Pinochet kurz vor Weihnachten, er sehe die Würde der chilenischen Nation durch die Resolution der Vereinten Nationen zutiefst verletzt und kündigte für den 4. Januar 1978 einen „Volksentscheid" an.

Natürlich konnte man bei dieser Consulta nacional nicht von einer freien Wahl sprechen: In Chile herrschten seit Pinochets Machtergreifung Ausnahmezustand und Ausgangssperre, politische Parteien waren verboten, alle Massenmedien wurden vom Militärregime kontrolliert. Eine Volksbefragung war unter diesen Umständen grotesk. Die Abstimmung fand unter großem Druck statt, es herrschte Stimmpflicht für alle, die über 18 Jahre alt waren. Der Sekretär der Junta, General Vidal, hatte bereits öffentlich erklärt, er würde niemandem raten, in Chile zu bleiben, der mit Nein stimmte. Wer es wagte, der Abstimmung fernzubleiben, musste mit Schwierigkeiten rechnen, denn im Wahllokal wurden die Pässe gestempelt und Pässe ohne Stempel verloren ihre Gültigkeit. Die ganze Befragung war eine reine Propagandamaßnahme und wurde nur zum Schein veranstaltet.

Auf dem Weg zum Wahllokal fragten sie mich: „Stimmst du mit ja oder nein?" Ich antwortete ganz offen: „Wie kann ich ja sagen? Mein Bruder war im Gefängnis. Ich weiß nicht, ob mein Vater und mein anderer Bruder noch leben. Da kann ich doch nicht zu dieser Regierung ja sagen!" Im Wahllokal mussten wir mit einem Bleistift ankreuzen. Ich ergriff den Stift und drückte ihn ganz fest in das Nein-Feld, damit man auf jeden Fall das Kreuz noch erkennen konnte, auch wenn es ausradiert werden sollte.

Die Abstimmungsfrage lautete:

"Angesichts der internationalen Aggression gegen die Regierung unseres Vaterlandes unterstütze ich Präsident Pinochet in seiner Verteidigung der Würde Chiles, und ich bestätige erneut die Legitimität der Regierung der Republik in ihrer souveränen Leitung des Institutionalisierungsprozesses im Lande."

"Frente a la agresión internacional desatada en contra del Gobierno de nuestra Patria, respaldo al Presidente Pinochet en su defensa de la dignidad de Chile, y reafirmo la legitimidad del Gobierno de la República para encabezar soberanamente el proceso de institucionalidad del país."

Das Ja-Feld war mit einer chilenischen Fahne, das Nein-Feld mit einem schwarz ausgefüllten Rechteck versehen.

Am Abend des 7. Januar versammelten wir uns mit einer Gruppe Jugendlicher im Haus des Bischofs. Monsignore Carlos Camus war gerade aus Santiago zurückgekehrt und wollte uns über die Pressekonferenz der chilenischen Bischofskonferenz informieren. Die Bischöfe hatten Pinochets Volksabstimmung scharf verurteilt und als bloße Show bezeichnet. Natürlich hatte Pinochet gewonnen und erhielt 75 Prozent Zustimmung.

Der Bischof warnte uns: „Es ist sehr gefährlich heute auf die Straße zu gehen. Pinochets Anhänger triumphieren und feiern ihren Sieg. Bitte geht sofort nach Hause!" Wir waren fünf Jungen und verließen mit der Presseerklärung in der Hand das bischöfliche Ordinariat. „Ach, lasst uns doch noch ein Bier trinken gehen. Es wird schon nichts passieren!" Kurzentschlossen überquerten wir die Plaza vor der Kathedrale in Richtung Innenstadt.

Plötzlich tauchten Polizisten auf und verfolgten uns. Einer aus unserer Gruppe rief: „Schnell, rennt weg!" Ich erwiderte: „Nein, wenn du nichts getan hast, hast du auch nichts zu befürchten." Wir blieben stehen. Die Polizisten holten uns ein. „Halt! Was macht ihr hier? Was habt ihr da in der Hand? Das ist ja interessant! Eine Presseerklärung der Bischofskonferenz gegen die consulta nacional! Los! Mitkommen!"

Die Polizisten packten uns und brachten uns zu einem großen Militärbus, der gegenüber der Kathedrale auf der Plaza stand. Sie stießen uns in den Bus und prügelten brutal auf uns ein. Ich erhielt massive Schläge auf den Rücken und den Kopf. Bald rann Blut aus meinen Ohren. Ich war gerade frisch an den Ohren operiert worden und sie hatten mich an einer Stelle getroffen, die noch nicht ganz verheilt war.

Ein kleiner Junge hatte unsere Festnahme beobachtet. Er rannte zum bischöflichen Ordinariat, kletterte auf einen Stein, weil er sonst nicht an die Klingel heranreichte und alarmierte den Bischof: „Die Jungen, die vorher hier waren, sind festgenommen worden! Sie sind in dem Bus dort drüben."

Der Bischof eilte sofort zum Bus. „Haben Sie hier fünf Jungen festgenommen?" „Nein, hier ist niemand," antwortete einer der Polizisten, während uns die anderen hinten im Bus die Pistole an den Kopf hielten, damit wir nur ja nicht wagten, einen Laut von uns zu geben.

Als sie uns auf das Revier brachten, war der Polizeichef bereits informiert. Der Bischof hatte mit ihm telefoniert und sofort einen Anwalt geschickt, der für die Vicariá de la Solidaridad arbeitete. Der Anwalt brachte uns nach Hause und erzählte uns: „Bei mir am Haus haben sie eine Bombe vor die Tür gelegt. Auf der gegenüberliegenden Straßenseite ist ein Taxistand und zum Glück hat ein Taxifahrer alles beobachtet und mich informiert. Sie wissen, dass ich mich gegen die Regierung einsetze und nutzen alle Mittel, um uns einzuschüchtern und unsere Arbeit zu sabotieren."

Auch unsere Aktivitäten waren genau beobachtet worden. Deshalb stand der Militärbus gegenüber der Kathedrale. Als wir unser Treffen mit dem Bischof hatten, musste uns jemand verraten haben. Damals waren einige Menschen bereit, für wenig Geld Informationen an die Regierung weiterzugeben.

Dieses Foto wurde am 16.1.1978 aufgenommen. Ich war gerade 19 Jahre alt.

Die Erlebnisse dieses Abends waren ein Wendepunkt. Der Bischof rief mich zu sich: „Juan, das wird hier für dich zu gefährlich. Entweder bringen sie dich um oder sie lassen dich auch einfach verschwinden. Deine Mutter hat schon genug gelitten. Es geht nicht, dass sie noch einen weiteren Sohn verliert. Das würde sie nicht überleben. Ich rate dir, das Land zu verlassen. Es wäre besser, wenn du versuchst, Kontakt zu deinem Bruder in Deutschland aufzunehmen." Bis dahin hatte ich nie daran gedacht, Chile zu verlassen. Doch was blieb mir unter diesen Bedingungen anderes übrig?

Es war nicht einfach, mit meinem Bruder Sergio in Deutschland Kontakt aufzunehmen. Wir durften nicht telefonieren und ich konnte ihm nicht einfach schreiben und mitteilen, dass ich wegen politischer Probleme das Land verlassen wollte. Alles wurde kontrolliert.

Zufällig traf ich bei einer Veranstaltung der Vereinigung von Angehörigen Verschwundener in Santiago eine Frau, die ihren Sohn in Deutschland besuchen wollte. Ich bat sie, meinen Bruder zu kontaktieren, der damals in Nürtingen wohnte. „Du kennst mich, du weißt, was ich alles durchgemacht habe. Erzähl es ihm!"

Mein Bruder begann sofort von Deutschland aus alles Notwendige zu organisieren. Er wandte sich auch an einen Ohrenspezialisten, der sich bereit erklärte, mich zu operieren, denn durch die Schläge auf den Kopf waren meine Ohren sehr beeinträchtigt worden. Über Amnesty International übermittelte mir Sergio die Nachricht, dass ich nach Deutschland kommen könne. Doch bis ich endlich ausreisen konnte, sollte es noch über ein Jahr dauern.

Seit dem Gewaltvorfall im Januar musste ich mich sehr vorsichtig verhalten. Der Bischof warnte mich eindringlich: „Juan, wenn du hier das Haus verlässt, sag bitte immer, wo du hingehst. Hinterlasse an jedem Ort eine Nachricht, was dein nächstes Ziel ist. Falls dir etwas zustößt, können wir die Spur verfolgen. Sei vorsichtig und mische dich bitte nicht mehr in so viele Dinge ein. Du bist schon bekannt und stehst auf der schwarzen Liste."

Diesmal nahm ich die Warnung ernst, denn ich hatte einen weißen Wagen beobachtet, der mich verfolgte, wenn ich am Abend nach Hause ging. Oft bin ich dann einfach in einen anderen Hauseingang geschlüpft, in der Hoffnung, dass meine Verfolger dadurch nicht erführen, wo ich wohnte. Sobald ich sah, dass sie weiterfuhren, setzte ich vorsichtig meinen Weg fort.

An einem Abend war ich auf dem Weg von meiner Freundin nach Hause. Als ich die Straße überqueren wollte, um zu einem Fußweg gegenüber zu gelangen, sah ich rechts und links je einen Wagen, die auf mich zu warten schienen. Mir klopfte das Herz bis zum Hals und ich dachte: „Jetzt ist es aus!" Wie oft hatte ich gehört, dass die Agenten Pinochets ihre Opfer in einsamen Straßen, vornehmlich in der Dunkelheit abfingen. Wer konnte dann beweisen, dass die vermissten Menschen wirklich verhaftet worden waren? Trotzdem ging ich tapfer zwischen den beiden Wagen hindurch, um zu dem Fußweg zu gelangen. Mit dem Auto konnten sie mir dort nicht mehr folgen, denn es war nur ein schmaler Pfad, der durch die dunkle Bahnunterführung führte. Als ich den Tunnel durchquert hatte, warteten die Wagen bereits auf der anderen Seite auf mich. Dann fuhren sie langsam weiter. Ich erzählte niemandem von diesem Vorfall, doch die Angst blieb mein ständiger Begleiter.

Wie konnte ich unter diesen Bedingungen die Beziehung zu meiner Freundin aufrechterhalten? Wir liebten uns und wollten heiraten. Doch spätestens dann würde ihr Vater erfahren, dass mein Vater und mein Bruder zu den Verschollenen gehörten. Als ihre Mutter von unseren Heiratsplänen erfuhr, unternahm sie alles, um uns auseinanderzubringen. Sie verbreitete sogar das Gerücht, dass ich eine Andere hätte. Wir wollten zusammenbleiben, doch hatte unsere Beziehung überhaupt eine Zukunft? Meine Entscheidung, das Land zu verlassen, war gefallen und so trennten wir uns schließlich schweren Herzens. Ihre Eltern setzten sie so massiv unter Druck, dass sie schließlich einen früheren Freund heiratete, der beim Militär war und für das Regime arbeitete.

Um meine Familie nicht in Gefahr zu bringen, hatte ich nie etwas von meinen Aktivitäten erzählt. Meine Mutter und meine Geschwister waren im Glauben, ich würde nur wegen meiner Ohrenoperation nach Deutschland fliegen und sei in wenigen Monaten wieder zurück. Es fiel mir sehr schwer, meine Mutter zurückzulassen. Auf der anderen Seite war meine Reise ein Impuls, etwas Neues in meinem Leben kennenzulernen. Ich dachte damals, ich gehe für zwei, drei Jahre nach Deutschland und kehre dann zurück.

Nur die Jugendgruppe in meiner Kirche wusste, warum ich das Land verließ und dass ich nicht so bald zurückkehren würde. Sie veranstalteten ein Riesenabschiedsfest mit Tanz und Musik. Viele weinten, weil ich gehen musste, denn ich war beliebt als Gruppenleiter.

Ich war 20 Jahre alt und nach chilenischem Recht noch nicht volljährig. Ohne Erlaubnis meiner Eltern durfte ich das Land nicht verlassen. Meine Mutter war nicht berechtigt, mir die Erlaubnis zur Ausreise zu geben, denn solange es keine Todesurkunde meines Vaters gab, war sie offiziell nicht Witwe. Die Rechtsanwälte des Vikariats wandten sich an einen Richter in Santiago, der mir eine Bescheinigung ausstellte, mit der ich das Land verlassen durfte.

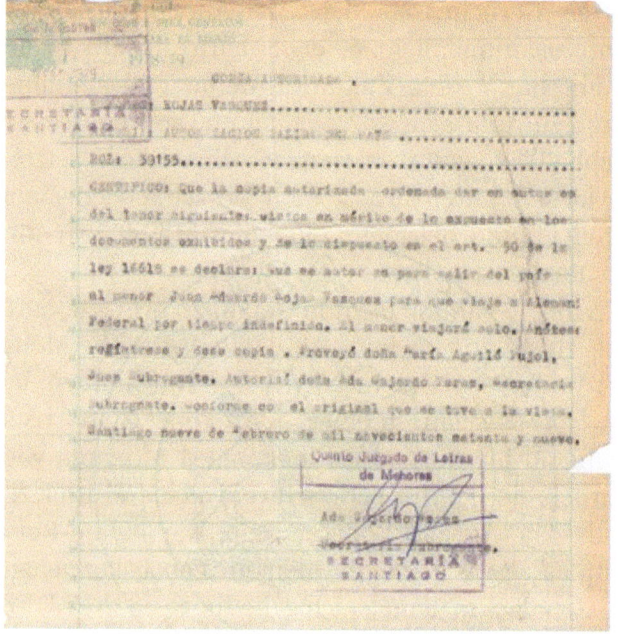

Meine Ausreisebestätigung

Am 1. August 1979 war es soweit. Schweren Herzens verabschiedete ich mich von meiner Familie. Der Bischof gab mir Geld, damit ich mit dem Zug von Linares nach Santiago fahren konnte. Dort musste ich mich bei einer Hilfsorganisation mit dem Namen FASIC (Fundación de Ayuda Social de las Iglesias Christianas) melden und erhielt endlich meine Reisedokumente. Ein Mann brachte mich zum Flughafen, erklärte mir kurz, wo ich hingehen müsse und bevor ich mich von ihm verabschieden konnte, war er bereits wieder verschwunden.

Nun war ich ganz auf mich allein gestellt. Nervös wartete ich in der Schlange zum Abflugs-Gate. Meine Gefühle waren zwiespältig: Ich war froh, endlich diesem Klima der Unterdrückung und Einschüchterung zu entfliehen und mich wieder ohne Angst vor Verfolgern frei auf der Straße bewegen zu können, doch zugleich war ich traurig, meine Familie und Freunde verlassen zu müssen. Was würde mich in Deutschland erwarten? Da ich überhaupt keine Vorstellung von diesem Land hatte, hatte ich mir kurz vor meiner Abreise noch Reiseprospekte beschafft.

Mein Flug ging zunächst nach Asuncion in Uruguay. Von dort sollte ich dann nach Belgien fliegen und mit dem Bus nach Deutschland weiterreisen. Ich wusste nicht, dass ich vor dem Flug nach Europa noch eine Nacht in Uruguay verbringen musste und stellte erschrocken fest, dass ich nicht genügend Geld für eine Hotelübernachtung hatte.

Ein Mitreisender, der meine Verlegenheit bemerkte, erklärte kurzentschlossen: „Ich zahl das schon."

Am 3. August kam ich endlich in Frankfurt an. Mein Bruder wollte mich dort abholen. Da er gar keine genauen Informationen hatte, wann ich dort eintreffen würde, hatte er schon einen Tag lang auf mich gewartet. Wir fuhren gemeinsam zu seiner Wohnung nach Nürtingen, wo wir gemeinsam mit seiner Familie bei einem guten Essen unser Wiedersehen feierten.

Abschied von Chile

Deutschland

Schon Anfang September wurde ich in Tübingen von einem Ohrenspezialisten operiert. Durch mein geplatztes Trommelfell und die Schläge bei meiner Verhaftung war mein Hörvermögen stark geschädigt worden. Der Professor setzte mir ein Implantat ein. Ich höre zwar seitdem besser, aber ich habe bis heute Probleme mit meinen Ohren. Nach der Operation fuhr ich gemeinsam mit der Familie meines Bruders nach Italien in Urlaub.

Asylant

Nur wenige Wochen nach meiner Ankunft in Deutschland erfuhr ich mehr über das wahre Ausmaß der Verbrechen des Pinochet-Regimes. Ich wusste ja bisher nur von den Ereignissen, die ich unmittelbar miterlebt hatte. Wie massiv dieser allgegenwärtige Unterdrückungsapparat vorging, wie viele Menschen betroffen waren, davon hatte ich kaum eine Vorstellung.

Sie erklärten mir: „Wenn das Regime erfährt, dass du in Deutschland warst, wirst du nach einer möglichen Rückkehr nach Chile nur noch mehr Schwierigkeiten bekommen. Außerdem hat die Geheimpolizei Listen von derjenigen erstellt, die ins Ausland gegangen sind. Die meisten dürfen nicht mehr zurück nach Chile." Mein Bruder hatte für mich einen Rechtsanwalt gesucht, der mich aufklärte. Ich war schockiert. Ich hatte zwar damit gerechnet, für einige Jahre im Ausland zu leben, doch die Erkenntnis, nicht mehr in meine Heimat zurückkehren zu können, traf mich wie ein Schlag. Es fiel mir sehr schwer zu akzeptieren, dass ich auf unbestimmte Zeit in Deutschland leben sollte. Mit Hilfe des Anwalts stellte ich einen Antrag auf Asyl, der in nur sechs Monaten genehmigt wurde.

Die Begründung war eindeutig, denn die Kirche in Chile hatte Berichte über meine Aktivitäten zusammengestellt und alle Informationen an meinen Anwalt weitergeleitet. Ich war überrascht, was sie alles von mir wussten. Am 5. Mai 1980 wurde mein Antrag auf Asyl anerkannt.

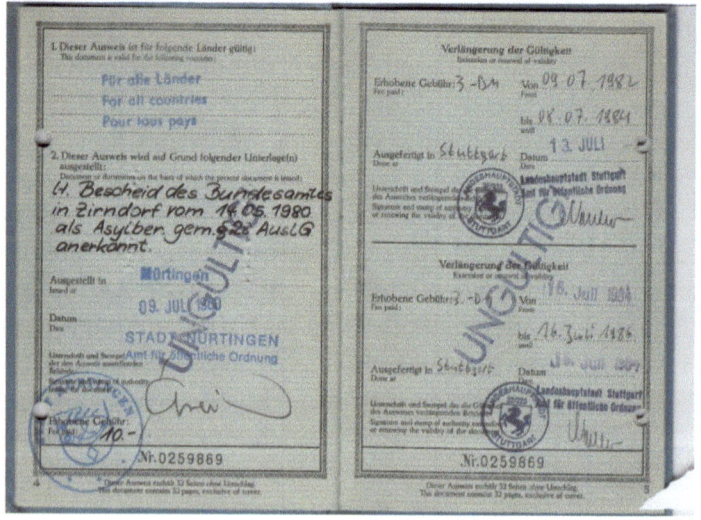

Anschreiben von amnesty international an meinen Anwalt

Dear Bodo,

Thank you for your letter of 22 February regarding Mr Juan Rojas' application for political asylum in Germany.

The information available at the International Secretariat as well as our experience with individual cases leads us to believe that Mr Rojas' statement is truthful. We have checked many of the incidents mentioned in the statement with our own records and they are consistent.

People involved in the organization of committees of relatives of disappeared persons and activists of church organizations have been a major target of government repression during the last few years and many of them had to leave the country to avoid detention and torture.

The fact that the Chilean government has been unable to account for the two relatives of Mr Rojas who have disappeared after detention, makes him a likely target for arbitrary detention a illtreatment. Similar cases that have come to our attention would tend to confirm to above.

We sincerely hope that the German government will consider favourably Mr Rojas' application and will offer him political asylum.

Sincerely,

Javier Zúñiga
Americas Research Department

Der Bischof von Rottenburg-Stuttgart
Dr. Georg Moser

13. März 1980

Bundesamt für die Anerkennung
ausländischer Flüchtlinge
Rothenburger Straße 29

8502 Zirndorf

Betr.: Asylantrag Juan Eduardo ROJAS Vasquez,
geb. 15.10.1958 in Parral, Chile, vom 05.11.1979

Sehr geehrte Herren!

Das von Herrn Rechtsanwalt Bodo Büchner, Tübingen, am
5.11.1979 gestellte Asylgesuch, bitte ich wohlwollend zu be-
handeln und Herrn Juan Eduardo ROJAS Vasquez als politischen
Flüchtling anzuerkennen.

Aufgrund mir über chilenische und südamerikanische Bischöfe
zuteil gewordener Informationen über die politischen Verhältnisse in Chile, halte ich die von Herrn ROJAS gemachten
Aussagen für glaubwürdig.

Mit freundlichen Grüßen

Bischof

Stellungnahme des katholischen Bischofs von Rottenburg-
Stuttgart Dr. Georg Moser

Stellungnahme des früheren Bischofs der lutherischen Ge-
meinde in Chile Helmut Frenz. Als Gegner des Pinochet-
Regimes hatte er Tausenden geholfen und war 1975 aus
Chile ausgewiesen worden. In Deutschland hatte er eine
„Aktion zur Befreiung der politischen Gefangenen in Chile"
gegründet und war seit 1976 Generalsekretär der deutschen Sektion von amnesty international.

In den ersten Monaten in Deutschland war es eine große Hilfe, dass ich bei meinem Bruder in Nürtingen leben konnte. Ich fühlte mich nicht so allein und fand durch seine Vermittlung sogar Arbeit in einer Schaumstofffabrik in Nürtingen.

Doch nachdem ich begriffen hatte, dass ich nicht mehr so einfach in meine Heimat zurückkehren kann, fällte ich eine Entscheidung: Wenn ich in Deutschland lebe, muss ich die deutsche Sprache lernen und alles tun, um mich hier so gut wie möglich zu integrieren.

Mein Bruder hatte dazu eine andere Meinung. Er war bereits 31 Jahre, als er nach Deutschland kam und litt sehr darunter, nicht mehr in Chile zu sein. Er fühlte sich mitverantwortlich, dass unser Vater verschwunden war. Zwar hat er nie davon gesprochen, aber er fühlte sich schuldig, weil er der Initiator politischer Aktivitäten im Dorf gewesen war und damit die Familie in Gefahr gebracht hatte. Das belastete ihn so sehr, dass er später krank wurde und bereits im Alter von knapp 62 Jahren starb. Er hat mit seiner Familie nie Deutsch gesprochen und hoffte immer, in einigen Jahren wieder nach Chile zurückkehren zu können.

Ich war noch jung und wollte die Chancen nutzen, die sich mir in Deutschland boten und begann einen Deutschkurs an der Volkshochschule. Doch ich hatte große Probleme mit der Sprache und dachte „das wirst du nie lernen!" Alles war mir fremd, die Menschen in Deutschland waren sehr zurückhaltend.

Meine Hoffnung, ähnlich wie Chile in kirchlichen Gruppen Gemeinschaft und Heimat zu finden, zerschlug sich. Ich fühlte mich dort nicht aufgenommen.

Um Deutsch zu lernen, wollte ich Kontakt mit Jugendlichen aufnehmen, doch meine sprachlichen Probleme waren noch zu groß. Auch die Gestaltung der Gottesdienste war für mich vollkommen neu. In Chile gab es während des Gottesdienstes viel Musik und Bewegung, es wurde geklatscht, gesungen, hier war alles sehr streng. Erst später lernte ich andere kirchliche Gruppen kennen, die offener waren und in denen ich mich heimischer fühlte.

Natürlich lernte ich auch andere junge Leute aus Chile kennen, die die gleichen Probleme hatten wie ich. Fast alle waren aus politischen Gründen in Deutschland und natürlich war auch Politik das Hauptthema in diesen Gruppen. Es ging immer darum, was können wir an Aktionen und Veranstaltungen machen, um über die Situation in Chile zu informieren. Ich war automatisch in diese Gruppen involviert, aber der Streit zwischen den verschiedenen Parteien und politischen Richtungen, zwischen Sozialisten und Kommunisten gefiel mir nicht.

Ich war ja erst durch das Verschwinden meines Vaters in politische Aktivitäten hineingestolpert. Wollte ich über die Kirche sprechen, hörte ich dort nur „du spinnst ja." So reduzierte sich bald der Kreis von Chilenen, mit denen ich mich regelmäßig traf.

Auf Dauer fühlte ich mich in der Familie meines Bruders fehl am Platz. Ab November 1980 konnte ich ein Zimmer im Kolpinghaus in Bad Cannstatt beziehen. Dort büffelte ich gemeinsam mit Spätaussiedlern in einem Intensivkurs acht Stunden täglich die deutsche Sprache, paukte Vokabeln und kämpfte mich durch die Grammatik. Mein Ziel war das Abitur und ich träumte von einem Medizinstudium. Nach neun Monaten war der Sprachkurs beendet und ich musste das Internat verlassen.

Inzwischen konnte ich mich ganz gut verständigen, aber ich brauchte mehr praktische Übung und vor allem brauchte ich Arbeit. Ich packte meine Papiere zusammen und klapperte alle Kliniken in der Umgebung ab. Schließlich landete ich in der medizinischen Klinik Bad Cannstatt. Dort meldete ich mich beim Pförtner. „Ich möchte mit dem Personalchef sprechen." „Haben Sie einen Termin?" „Nein, es geht um etwas Persönliches." Der Pförtner griff zum Telefon. „Hier ist ein junger Mann, der mit Ihnen persönlich sprechen will." Ich hatte Glück, der Personalchef war bereit, mich zu empfangen.

Er war sehr freundlich und erkundigte sich nach meinem Anliegen, griff sofort zum Telefon und rief die Oberschwester an: „Ich hätte hier jemanden, der bei euch auf der Station helfen kann." Die Schwester antwortete gleich: „Schicken Sie den jungen Mann zu mir." Sie hat mit mir gesprochen und fragte gleich: „Ab wann können Sie anfangen?" „Wenn Sie wollen, kann ich

gleich dableiben." „So schnell geht's dann doch nicht."
Im August 1981 konnte ich als Krankenpflegehelfer
anfangen und bekam ein Zimmer im Schwesternwohn-
heim.

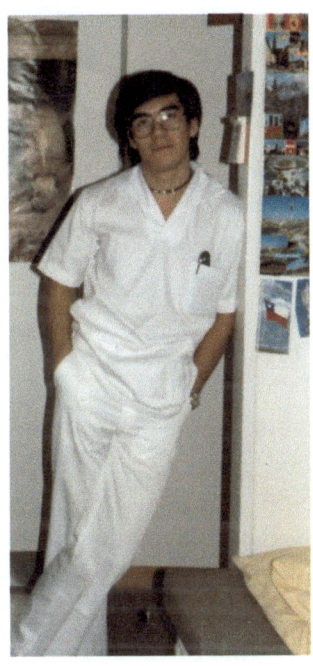

Die Arbeit hat mir sehr viel Spaß gemacht. Ich habe das
Essen verteilt, die Patienten gewaschen und Blutdruck
und Puls gemessen. Dann sollte ich jeden Patienten
fragen, ob er Stuhlgang gehabt habe. Die Schwestern
wunderten sich, dass nach meinen Umfragen niemand

Stuhlgang hatte. „Das kann doch nicht sein. Frag noch einmal nach!" Schließlich stellten sie fest, dass ich falsch fragte. Ich hatte mir immer nur das Wort Stuhl gemerkt und gefragt: „Haben Sie Stuhl gesehen?"

Ich war glücklich, in dem Bereich arbeiten zu dürfen, in den ich wollte und lernte viel. Die Ärzte waren sehr nett. Ich durfte eine Laparoskopie mitmachen und später sogar Blasenspülungen bei Krebspatienten vornehmen. Der Professor, ein Herzspezialist, bemerkte meine Begeisterung und erklärte mir vieles. Dabei verstand ich am Anfang nicht einmal die Hälfte, weil ich noch nicht so gut Deutsch konnte. Viele Kolleginnen, die Schwesternschülerinnen waren, waren eifersüchtig, weil ich bereits Spritzen setzen durfte und Blut abnehmen konnte.

Bei meinen regelmäßigen Blutdruckmessungen erlebte ich einmal ein ganz besonderes Phänomen: Jedes Mal, wenn ich bei einer bestimmten Patientin den Blutdruck messen sollte, waren ihre Werte extrem hoch. Sobald eine Krankenschwester gemessen hat, war der Blutdruck im Normalbereich. Ich konnte mir das nicht erklären. Eine der Schwestern hatte einen Verdacht. Sie erklärte: „Wir machen folgendes: Ich messe erst alleine ohne dich. Dann gehst du später mit mir zusammen rein und wir messen noch einmal." Bei ihrer ersten Messung war der Blutdruck vollkommen normal, bei unserer gemeinsamen Messung wieder zu hoch. Was war das Geheimnis? Die Patientin hatte sich in mich verliebt und ihr Blutdruck schnellte hoch, sobald sie mich sah.

Ich fühlte mich wohl bei meiner Arbeit und wollte gerne eine Ausbildung zum Krankenpfleger machen, was jedoch in der Klinik in Bad Cannstatt nicht möglich war. Das Krankenhaus wollte mich gerne behalten und bot mir einen unbefristeten Arbeitsvertrag als Krankenpflegehelfer an. Doch ich wollte nicht ohne Ausbildung bleiben, denn ich fürchtete, dass in Krisenzeiten diejenigen ohne Ausbildung zuerst entlassen würden.

Im April 1982 begann ich meine Ausbildung an der Krankenpflegeschule des Karl-Olga-Krankenhauses. Doch nach einigen Monaten musste ich feststellen, dass meine Deutschkenntnisse für diese Ausbildung noch nicht ausreichend waren und ich noch weitere Sprachkurse machen musste. Als ich danach zurückkam, bekam ich keinen Ausbildungsplatz mehr und begann wieder als Krankenpflegehelfer zu arbeiten, diesmal im Karl-Olga-Krankenhaus. Hier lernte ich meine spätere Frau kennen. Sie war Krankenschwester und meine stellvertretende Chefin. Im März 1983 haben wir geheiratet, im Oktober kam unser erstes Kind zur Welt.

Den Wunsch nach einer qualifizierten Ausbildung hatte ich noch nicht aufgegeben. Als echter Latino-Macho litt ich darunter, dass meine Frau beruflich höher stand als ich. Aber war es möglich, Beruf und Familie zu vereinbaren, wenn beide Partner im Pflegebereich tätig waren? Ich entschloss mich zu einer Umschulung zum Frisör, konnte bei einem der renommiertesten Frisörmeister Stuttgarts meine Ausbildung absolvieren und bekam auch in der gleichen Firma eine Arbeitsstelle.

Auch wenn ich inzwischen in Deutschland beruflich Fuß gefasst hatte und eine Familie gegründet hatte, sehnte ich mich nach meiner Heimat Chile. Pinochet war zwar immer noch an der Macht, aber die politische Lage hatte sich inzwischen soweit entspannt, dass viele Chilenen, die damals das Land hatten verlassen müssen, nun wieder ohne Gefahr zurückkehren konnten.

Als politischer Gefangener hatte mein Bruder Sergio auf der schwarzen Liste gestanden und Einreiseverbot nach Chile gehabt. Jetzt wäre er gerne in seine Heimat zurückgekehrt, doch seine Kinder wollten in Deutschland bleiben. Da ich nicht im Gefängnis gewesen war und bei meiner Ausreise noch minderjährig gewesen war, war mein Name auf der schwarzen Liste nicht aufgetaucht. Deshalb hoffte ich, dass ich bei einem Besuch in meiner Heimat keine Schwierigkeiten bekommen würde.

Mit meinem Travel Document als anerkannter Asylant konnte ich zwar überall in Europa frei reisen, doch für eine Reise nach Chile brauchte ich einen chilenischen Pass. Ich nahm allen Mut zusammen und sprach beim chilenischen Konsulat vor. Dort musste ich eine ausführliche Befragung über mich ergehen lassen und erhielt endlich meinen chilenischen Reisepass.

Gemeinsam mit meiner Frau und meinem kleinen dreijährigen Sohn fuhr ich mit dem Auto nach Amsterdam, von dort flogen wir zunächst bis Peru und wollten dann weiter nach Santiago fliegen. Ich erinnere mich noch genau an die Landung in Lima. Mich erfasste plötzlich eine Riesenangst, ich zitterte, das Herz pochte mir bis zum Hals und ich dachte, ich bekomme einen Herzinfarkt. Es war eine richtige Panikattacke. Als Krankenschwester reagierte meine Frau sehr besonnen und beruhigte mich. Auf dem Weiterflug nach Santiago war ich wieder etwas gefasster und als wir endlich in Santiago landeten, hatte sich auch mein Herz wieder beruhigt.

Ein Großteil meiner Familie erwartete uns am Flughafen. Viele habe ich gar nicht mehr erkannt, denn als ich vor acht Jahren das Land hatte verlassen müssen, waren meine Nichten und Neffen noch kleine Kinder gewesen.

Ich war emotional hin und hergerissen. Die ganzen traumatischen Erlebnisse meiner Jugend kamen wieder hoch und so war es teilweise auch eine traurige Erfahrung, die Orte meiner Kindheit wiederzusehen. Vieles hatte sich verändert und auch ich hatte mich natürlich verändert. Als Friseur mit modischem Haarschnitt wirkte ich auf die Chilenen wie ein komischer Vogel. Ich sprach nicht mehr den gleichen Dialekt, hatte jahrelang kaum Kontakt zu Chilenen gehabt, fast nur Deutsch gesprochen und fühlte mich zunächst fremd in der Heimat. Von meinen früheren Freunden war fast niemand mehr in der Stadt. Meine Mutter war überglücklich mich zu sehen und endlich auch meine Frau und meinen kleinen Sohn kennenzulernen. Wir wurden im Dorf gefeiert, alle kamen, um uns zu begrüßen.

Natürlich habe ich in dieser Zeit auch viele Freunde aus meiner kirchlichen Arbeit wiedergetroffen, ich hatte Kontakt zum Pfarrer und auch der Bischof empfing mich und berichtete mir, was sich in der Zwischenzeit ereignet hatte. Er beruhigte mich und sagte mir, ich solle mir keine Sorgen machen. Die politische Lage sei ruhiger geworden, ich könne mich frei bewegen, aber trotzdem sei Vorsicht geboten.

Als unser Aufenthalt sich nach drei bis vier Wochen dem Ende zuneigte, wollte ich gar nicht mehr nach Deutschland zurückkehren. Ich weinte, als wir uns wieder von allen verabschieden mussten und hatte große Mühe, mich in Deutschland wieder einzugewöhnen. Der Gedanke vielleicht wieder in meiner Heimat leben zu können ließ mich nicht los. Ich träumte davon, nach Chile zurückzukehren und dort einen eigenen Frisörsalon zu eröffnen. Dazu hatte ich bereits Kontakt zu Wella und l'Oreal aufgenommen, denn ich wollte in Chile Seminare mit diesen Produkten anbieten. Als examinierte Krankenschwester würde meine Frau ohne Probleme eine Anstellung an einem chilenischen Krankenhaus finden. Inzwischen hatte ich gesundheitliche Probleme mit meiner linken Hand und ein Karpaltunnelsyndrom entwickelt, das mir die Arbeit als Friseur zunehmend erschwerte. Ich hoffte in Chile trotz meines Handproblems arbeiten zu können, denn ich würde Schulungen veranstalten, Lehrlinge ausbilden und hätte Angestellte, so dass ich nicht selbst dauernd Haare schneiden müsste. In Deutschland konnte ich mit dieser Diagnose auf Dauer nicht mehr als Friseur arbeiten.

Ich flog nochmals nach Chile, um mir Orte anzusehen, in denen ich einen Friseursalon eröffnen könnte. Ich wollte nach Viña del Mar. Die Stadt mit ihrer reizvollen Lage war ein beliebter Badeort, der von vielen Touristen besucht wurde. Leider waren dort die Preise entsprechend hoch und es war schwierig eine Wohnung und ein geeignetes Lokal zu finden. Schließlich fand ich ein Lokal in optimaler Lage. Unten war alles für den Friseursalon vorhanden und in der ersten Etage befand sich eine großzügige Wohnung. Leider waren Lokal und Wohnung nicht zu vermieten, sondern wurden zum Kauf angeboten. Ich hätte zwar von der deutschen Ausgleichsbank Unterstützung bekommen, aber könnte ich einen so hohen Kredit auch zurückzahlen? Die Umsiedlung mit meiner Familie wäre ja auch schon mit hohen Kosten verbunden. Das Risiko erschien mir doch zu hoch und so platzte der Traum von der Rückkehr in die Heimat.

Neue Herausforderungen

Leider beendete meine Nervenerkrankung an der linken Hand meine Karriere als Friseur. Meine Familie war inzwischen gewachsen und wir hatten im Februar 1988 noch eine kleine Tochter bekommen.

Als ich in der Zeitung eine Anzeige entdeckte, dass McDonalds Management-Assistenten suchte, bewarb ich mich und erhielt die Stelle. Auf einer Schulung in Düsseldorf erfuhr ich alles Notwendige über Personalführung, gesetzliche Bestimmungen usw. und begann dann als Restaurant-Manager-Assistent bei McDonalds in Fellbach. Doch auf Dauer war diese Arbeit nicht zufriedenstellend. Da ich auch an den meisten Wochenenden arbeiten musste, sah ich kaum noch meine Kinder. So kehrte ich in die Krankenpflege zurück und arbeitete in einem Altenheim. Ich habe die alten Menschen sehr gerne gepflegt und war sehr engagiert, aber auf Dauer war es schwierig, innerhalb unserer Familie unsere beiden Dienste in der Pflege so zu koordinieren, dass immer jemand bei den Kindern war.

Inzwischen hatte sich unsere Familie weiter vergrößert und wir hatten 1990 eine zweite Tochter bekommen. Ich träumte von einer Arbeit mit festen Arbeitszeiten von Montag bis Freitag und bewarb mich 1991 bei der AOK. Einen Tag vor Bewerbungsschluss reichte ich meinen Lebenslauf und meine Arbeitszeugnisse ein und am nächsten Dienstag wurde mir bereits eine Stelle angeboten.

Ich begann in der inneren Verwaltung. Das war ein vollkommen neues Gebiet für mich, aber ich sagte mir „Juan, du schaffst das!" Im März 1992 wurde unser viertes Kind geboren. Ich arbeitete mich schnell ein und hatte bald mein Arbeitsgebiet so weit umorganisiert, dass ich in der Hälfte der Zeit fertig war und nichts mehr zu tun hatte. Dann bot man mir eine Stelle im Marketing an, ich beteiligte mich an Werbeaktionen und machte Informationsstände für die AOK. Nach einiger Zeit wurde auch diese Arbeit zur Routine.

Als ich das Angebot erhielt, eine Weiterbildung zum Firmenkundenberater zu absolvieren, griff ich zu. Ich wurde neun Monate freigestellt, um mich mit der ganzen Sozialgesetzgebung vertraut zu machen und erhielt dann das Angebot, in der Unfallversicherung tätig zu sein.

Seit 2002 arbeite ich nun in diesem Bereich und bin zusätzlich Kundenberater für Spanisch Sprechende. Wegen meiner gesundheitlichen Probleme arbeite ich in der letzten Zeit überwiegend von meinem Homeoffice aus.

Natürlich hatte ich auch immer wieder Heimweh nach Chile. Aus diesem Grund besuchte ich gelegentlich internationale Kulturfeste in Stuttgart, auf denen auch eine chilenische Tanzgruppe auftrat. Ich bin mit der Tanzkultur aufgewachsen und habe immer wieder begeistert mitgetanzt.

Anscheinend bin ich dort den Leuten aufgefallen, denn irgendwann kam die Leiterin dieser Gruppe auf mich zu und fragte mich, ob ich bereit wäre, die Tanzgruppe weiterzuführen, denn sie kehre nach Chile zurück. Ich stimmte zu: „Gut, ich mache das, aber zu meinen Bedingungen: 1. Wir müssen einen Verein gründen. 2. Wir werden professioneller arbeiten. 3. Wir brauchen Original-Kostüme!" „Aber die Deutschen haben doch gar keine Ahnung von chilenischen Volkstänzen!" „Trotzdem müssen wir es richtig machen. Wenn wir den Zuschauern unser Land näherbringen wollen, müssen wir authentisch sein." „Und dann noch als Verein! Das ist doch alles viel zu kompliziert!" Ich antwortete: „Wir sind hier in Deutschland und in Deutschland gründet man einen Verein. Wir müssen jeden Auftritt dem Finanzamt melden, das ist normal in Deutschland." Da merkten sie, dieser Chilene ist ja schon vollkommen integriert!

Ich war bereit alles zu organisieren, suchte einen Steuerberater, einen Notar und wir entwarfen eine Satzung. Alle Mitglieder sind aktive Mitglieder, entweder singen sie oder tanzen. Es gibt keine Mitgliedsbeiträge, weil alle ja schon sehr viel Zeit in Proben und Auftritte investieren. Wir nannten uns Cordillera e.V., denn wir vertreten Chile von Nord bis Süd mit unserer Folklore und die Cordillera ist die Verbindung.

Seit 1995 bin ich Leiter dieser Gruppe, ihr erster Tänzer und auch Tanzlehrer. Überall in Deutschland sind wir aufgetreten und führten den chilenischen Nationaltanz auf, den Cueca. Wir sind Mitglied bei „Stuttgart tanzt", das ist eine interkulturelle Vereinigung von mehr als 30 Vereinen und Initiativen rund um Stuttgart, in der Menschen aus aller Welt ihre Tanzkultur pflegen.

Einmal waren wir Überraschungsgäste bei einer Party mit Hannelore Elsner. Sie hatte einen Film in Chile gedreht, der hieß „Mein Herz in Chile". Bei der Premiere dieses Films wurde unsere Tanzgruppe als Überraschung eingeladen.

Ein Chilene, der in Toronto lebte, hatte die Idee eine Weltmeisterschaft der „Cueca Chilena" zu veranstalten. Wir nahmen 2003 an diesem ersten internationalen Wettbewerb in Toronto teil. Es waren viele junge Leute da, die frisch aus Chile gekommen waren, sie haben natürlich besser getanzt. Aber wir waren vom Ausdruck her sehr gut. Wir waren sieben Tage in Toronto.

Bei dieser Gelegenheit entschieden wir, eine internationale Vereinigung des chilenischen Folkloretanzes im Ausland zu gründen. Ich wurde als offizieller Delegierter für Deutschland in den Vorstand gewählt. Der Verein nennt sich „Cofochilex International". Einmal im Jahr veranstalteten wir eine Weltmeisterschaft des chilenischen Folkloretanzes. Wir traten in Spanien, Australien und sogar in Chile auf. Anlässlich der Fußball-Weltmeisterschaft lud das chilenische Staatsfernsehen 2006 mich und meine Frau zu einer Live-Sendung ein.

Ich habe auch versucht, meine vier Kinder für den Tanz zu interessieren. Als sie noch kleiner waren, haben wir einmal ein Programm mit Tänzen von der Osterinsel einstudiert, aber später hatten sie leider nicht mehr so großes Interesse. Für mich bedeutet das Tanzen ein Stück Heimat. „La Cueca" bedeutet für mich Liebe, Sehnsucht und Harmonie.

Seitdem ich Knieprobleme habe, hat unsere Tanzgruppe in den letzten fünf Jahren leider nichts mehr gemacht, weil ich der Einzige bin, der die chilenischen Tänze unterrichtet. Ich habe immer wieder Nachfolger gesucht, die das an meiner Stelle fortführen, aber leider niemanden gefunden.

Juan in der Tracht eines chilenischen Huasos.

Der chilenische Huaso ist ein meisterlicher Reiter, der das Vieh des Großgrundbesitzers hütet. Er ist ein stolzer, freiheitsliebender, beherzter und körperlich ausdauernder Hirte. Er trägt mächtige Sporenräder und bestickte Ledergamaschen, einen rot-schwarz gerandeten und gestreiften, eher kurzen Poncho und einen steifen Hut mit gerader Krempe und Sturmband.

Beim Empfang der chilenischen Präsidentin
Michelle Bachelet in Stuttgart 20.10.2006

(Foto: Alex Ibáñez M., www.fotopresidencia.cl)

Durch mein Engagement für „Stuttgart tanzt" war ich in der interkulturellen Szene der Stadt bekannt. Als 2006 die Evangelische Gesellschaft Stuttgart ein neues Projekt initiierte, kamen sie auf mich zu und fragten, ob ich Interesse hätte. Es sollten Mediatoren ausgebildet werden, die in der Lage sind, bei interkulturellen Streitfällen zu vermitteln. Ich besuchte die Informationsveranstaltung und stellte fest, dass ich schon oft erfolgreich vermittelt hatte. Wenn ich dazu noch in einer Ausbildung theoretische Grundlagen erlernen würde, wie ich Menschen in Konflikten besser beistehen könnte, umso besser.

Ich begann eine Ausbildung, die durch das deutsche Familienrechtsforum e.V. zertifiziert wurde und spezialisierte mich auf Partnerschaftskonflikte. Leider konnte ich meine eigene Beziehung nicht retten, meine Ehe wurde 2009 geschieden. Aber vielleicht hilft mir gerade diese Erfahrung des eigenen Scheiterns mit Einfühlungsvermögen und Verständnis in Konflikten bei interkulturellen Partnerschaften zu vermitteln.

Von 2009-2014 engagierte ich mich als Mitglied des Internationalen Ausschusses des Gemeinderats der Landeshauptstadt Stuttgart. Seit dem 10. August 2005 habe ich einen deutschen Pass, damit habe ich die volle rechtliche Gleichstellung und kann am politischen Willensbildungsprozess teilnehmen.

Seit 2008 engagiere ich mich in meiner Freizeit als Laienschauspieler/Komparse beim Staatstheater Stuttgart und als Statist in verschiedenen Filmen, was mir sehr viel Freude macht.

Ich bin dankbar, dass ich in Deutschland Asyl finden konnte und liebe das Land, in dem ich inzwischen heimisch geworden bin und als dessen Bürger ich mich einbringen will. Als Vorbild für eine gute Integration möchte ich zu hundert Prozent dazugehören, auch wenn meine Liebe und Sehnsucht nach meiner Heimat Chile nie enden wird.

Bis heute weiß ich nicht, wohin mein Vater und mein Bruder damals im Jahr 1973 verschleppt wurden, was sie erdulden mussten und wo sich ihre sterblichen Überreste befinden. Ich werde sie nie vergessen.
Ihnen möchte ich dieses Buch widmen.

Wo ist er?

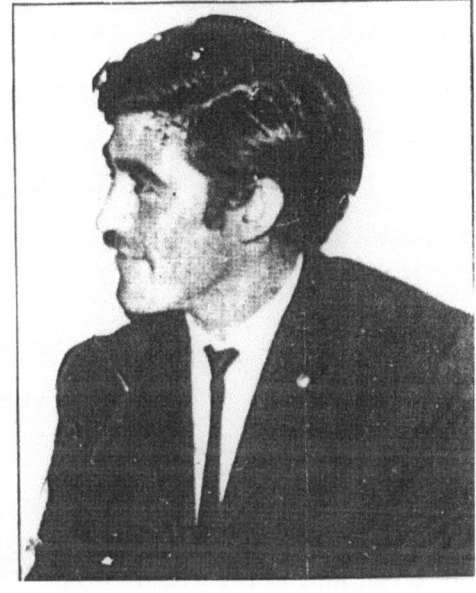

Mein Bruder Gilberto Antonio

Wo ist er?

An meinen lieben Papa!

Fast 43 Jahre suche ich Dich nun schon ohne Er-
folg. Du kannst Dir nicht vorstellen, wie sehr ich Dich
vermisse! Ich würde so gerne von Dir wissen, wo Du
bist, was du machst und mit Sicherheit ist mein Bruder
Gilberto auch bei Dir.

Heute bin ich 60 Jahre alt geworden, ich habe damals das Land, in dem wir zusammengelebt haben,
verlassen müssen und lebe in einem fremden Land,

dass Du nicht kennst. Hier habe ich ein neues Leben angefangen.

Papa, ich möchte Dir so vieles erzählen, was alles in meinem Leben geschehen ist. In mir hat sich seit Jahren ein Fluss von Tränen und Fragen aufgestaut und jeden Tag fließt es mehr und mehr!

Papa, Du hast vier Enkelkinder, die Du nicht kennst, meine Kinder! Wie schön wäre es, wenn ich Dir meine Kinder vorstellen könnte, wenn sie erfahren würden, dass Du ein guter und lieber Opa bist. Inzwischen bin ich selbst bereits Opa geworden und habe sechs Enkelkinder.

Papa, wo bist Du? Wo ist mein Bruder Gilberto? Ich hoffe, dass ich eines Tages noch erfahren kann, wo Ihr seid. Auch wenn man nur die Überreste von Euch finden würde, würde ich vor Ort sein, um von Euch Abschied zu nehmen, auch wenn es mir sehr schwerfällt.

Papa, nur 14 Jahren durfte ich in deiner Nähe Dein Sohn sein. Als ich fünfzehn Jahre wurde, saß ich auf dem Boden vor dem Zaun an der Tür unseres Hauses und habe auf Dich und meinen Bruder gewartet. Bis heute warte ich immer noch!

Lebt wohl, mein geliebter Papa und mein lieber Bruder, egal wo ihr seid!

Vielleicht hoffentlich bis bald...!

Euer jüngster Sohn und Bruder

Juanito